Inhalt

Vorwort und Anmerkungen zur Arbeit mit dem Material

Liebe Lehrer[1],

mit diesem 5-Minuten-Training können Ihre Schüler in kleinen Einheiten die wichtigsten Grammatikthemen üben. Ob während der Freiarbeitsphasen, als Hausaufgaben oder wenn die anderen Aufgaben erledigt sind: Die vorliegenden Seiten fördern die Grammatikkompetenz und ermöglichen den Kindern ein selbstständiges Arbeiten und Kontrollieren.

Die Seiten sind so aufgebaut, dass sie in der Mitte geteilt werden und zu einem kleinen Heftchen zusammengebunden werden können. Somit erhält jedes Kind sein eigenes Grammatikheftchen. Sie können die einzelnen Karteikarten aber auch laminieren und im Freiarbeitsregal allen Kindern zur Verfügung stellen.

Die Karteikarten steigern sich in der Schwierigkeit. Zunächst werden die verschiedenen Wortarten behandelt, anschließend folgen Aufgaben zu den Zeitformen und den Satzgliedern. Am Ende arbeiten die Kinder mit den vier Fällen.

Durch das Anmalen der kleinen Bildchen auf dem Arbeitsplan lernen die Schüler die Grammatikthemen auf motivierende Weise.

So macht Ihrer Klasse Grammatik Spaß!

Klara Kirschbaum

---

1 Wir sprechen hier wegen der besseren Lesbarkeit von Schülern bzw. Lehrern in der verallgemeinernden Form. Selbstverständlich sind auch alle Schülerinnen und Lehrerinnen gemeint.

Wortarten

Nomen

1 **Verbinde.**

Nomen kannst du daran erkennen, dass sie einen Begleiter haben.
Ein Begleiter ist ein Wort, das sich auf das Nomen bezieht (z. B. der Mann, die Frau).

Teller | Kanne | Meer | Gabel

Haus | Floh

der | **die** | **das**

Karotte | Apfel

Schule | Obst | Teich | Gewitter

Erledigt am: ____________________ *So hat's geklappt:*

Wortarten

Nomen

2 **Verbinde.**

Nomen kannst du daran erkennen, dass sie einen Begleiter haben.
Ein Begleiter ist ein Wort, das sich auf das Nomen bezieht (z. B. der Mann, die Frau).

Computer | Telefon | Glocke | Wald

Pilz | Lupe

der | **die** | **das**

Fabrik | Lampe

Auto | Hund | Regenschirm | Fahrrad

Erledigt am: ____________________ *So hat's geklappt:*

Nomen

Nomen können in der Einzahl (Singular) und in der Mehrzahl (Plural) stehen.
Achtung: Nomen werden großgeschrieben.

1 Setze die Nomen in die Mehrzahl. Kreise die Wortendungen ein.

die Laterne: die Laternen

das Kamel: ______

der Ring: ______

das Kaninchen: ______

der Wurm: ______

das Ei: ______

das Ohr: ______

das Hemd: ______

die Birne: ______

der Besen: ______

2 Schreibe jede Wortendung einmal auf.

-n, ______

Erledigt am: ______

So hat's geklappt:  

Wortarten

Nomen

Nomen können in der Einzahl (Singular) und in der Mehrzahl (Plural) stehen.
Achtung: Nomen werden großgeschrieben.

**1 Setze die Nomen in die Mehrzahl. Kreise die Wortendungen ein.
Male die Vokale an, die sich im Plural verändern.**

die Mauer: ______

das Haus: ______

der Pinsel: ______

das Papier: ______

der Salat: ______

die Hand: ______

der Tisch: ______

das Schloss: ______

die Nase: ______

der Busch: ______

2 Schreibe jede Wortendung einmal auf.

______

Erledigt am: ______

So hat's geklappt:   

Nomen

5

1 **Kreise alle Nomen ein.**

2 **Schreibe die Nomen auf.**

Achtung: Nomen werden großgeschrieben.

___

___

Erledigt am: ___ *So hat's geklappt:*

Wortarten

Nomen

6

1 **Kreise alle Nomen ein.**

2 **Schreibe die Nomen auf.**

Achtung: Nomen werden großgeschrieben.

___

___

Erledigt am: ___ *So hat's geklappt:*

Wortarten

Nomen

7 **Sortiere die Nomen in die Tabelle ein.**

Nomen kannst du daran erkennen, dass es sich um Menschen, Tiere, Pflanzen oder Dinge handelt.

Stift	Elefant	Opa	Tanne	Katze	Mutter
Waschbär	Bäcker	Schlüssel	Tasse	Gras	Rose

Mensch	Tier	Pflanze	Ding

Erledigt am: ____________________ *So hat's geklappt:*

Wortarten

Nomen

8 **Sortiere die Nomen in die Tabelle ein.**

Nomen kannst du daran erkennen, dass es sich um Menschen, Tiere, Pflanzen oder Dinge handelt.

Mädchen	Locher	Postbote	Schilf	Käfer	Hund
Tulpe	Sofa	Buche	Fuchs	Vater	Regal

Mensch	Tier	Pflanze	Ding

Erledigt am: ____________________ *So hat's geklappt:*

Wortarten

Nomen

9 Beweise, dass das Wort ein Nomen ist. Fülle die Tabelle aus.

Wort	Kann ich es anfassen?	Begleiter	Einzahl / Mehrzahl	Kategorie	Ist es ein Nomen?
BUCH	☐ ja ☐ nein	☐ der ☐ die ☐ das	__________ __________	☐ Mensch ☐ Pflanze ☐ Tier ☐ Ding	☐ ja ☐ nein
RIECHEN	☐ ja ☐ nein	☐ der ☐ die ☐ das	__________ __________	☐ Mensch ☐ Pflanze ☐ Tier ☐ Ding	☐ ja ☐ nein
BANK	☐ ja ☐ nein	☐ der ☐ die ☐ das	__________ __________	☐ Mensch ☐ Pflanze ☐ Tier ☐ Ding	☐ ja ☐ nein
BRILLE	☐ ja ☐ nein	☐ der ☐ die ☐ das	__________ __________	☐ Mensch ☐ Pflanze ☐ Tier ☐ Ding	☐ ja ☐ nein

Erledigt am: ________________ *So hat's geklappt:*

Wortarten

Nomen

10 Beweise, dass das Wort ein Nomen ist. Fülle die Tabelle aus.

Wort	Kann ich es anfassen?	Begleiter	Einzahl / Mehrzahl	Kategorie	Ist es ein Nomen?
TAUCHEN	☐ ja ☐ nein	☐ der ☐ die ☐ das	__________ __________	☐ Mensch ☐ Pflanze ☐ Tier ☐ Ding	☐ ja ☐ nein
BOOT	☐ ja ☐ nein	☐ der ☐ die ☐ das	__________ __________	☐ Mensch ☐ Pflanze ☐ Tier ☐ Ding	☐ ja ☐ nein
PINSEL	☐ ja ☐ nein	☐ der ☐ die ☐ das	__________ __________	☐ Mensch ☐ Pflanze ☐ Tier ☐ Ding	☐ ja ☐ nein
TRINKEN	☐ ja ☐ nein	☐ der ☐ die ☐ das	__________ __________	☐ Mensch ☐ Pflanze ☐ Tier ☐ Ding	☐ ja ☐ nein

Erledigt am: ________________ *So hat's geklappt:*

Wortarten

Nomen

11 **Schreibe die Sätze richtig auf.**
Achtung: Satzanfänge und Nomen werden großgeschrieben.

im sommer scheint an vielen tagen die sonne.

____

das eichhörnchen sammelt im herbst vorräte für den winter.

____

im herbst werden die blätter der laubbäume bunt.

____

du kannst deinen drachen steigen lassen, wenn es genug wind gibt.

____

Erledigt am: ____________________ *So hat's geklappt:*

Wortarten

Nomen

Schreibe die Sätze richtig auf.
Achtung: Satzanfänge und Nomen werden großgeschrieben.

im sommer werden die früchte an den bäumen reif.

____

wenn es geschneit hat, kannst du einen schneemann im garten bauen.

____

am schönsten ist es, wenn mama eine spannende geschichte vorliest.

____

mit viel glück kannst du im garten ein vierblättriges kleeblatt finden.

____

Erledigt am: ____________________ *So hat's geklappt:*  

Wortarten

Zusammengesetzte Nomen

Welche zusammengesetzten Nomen kannst du bilden?
Schreibe die Nomen mit Artikel auf.

das Eisen + die Bahn = die Eisenbahn

das Wasser + der Schlauch = ______

der Fuß + der Ball = ______

das Licht + der Schalter = ______

der Tee + die Kanne = ______

der Vogel + der Käfig = ______

Erledigt am: ______ *So hat's geklappt:*

Wortarten

Zusammengesetzte Nomen

Welche zusammengesetzten Nomen kannst du bilden?
Schreibe die Nomen mit Artikel auf.

Bei zusammengesetzten Nomen müssen manchmal zwischen den beiden Nomen Buchstaben ergänzt oder weggelassen werden.

die Sonne + die Blume = die Sonne**n**blume

die Kirsche + der Baum = ______

die Melone + das Eis = ______

das Essen + der Tisch = ______

der Regen + der Schirm = ______

das Bild + der Rahmen = ______

Erledigt am: ______ *So hat's geklappt:*

Wortarten

Zusammengesetzte Nomen

Welche zusammengesetzten Nomen kannst du bilden?
Schreibe die Nomen mit Artikel auf.

Bei zusammengesetzten Nomen müssen manchmal zwischen den beiden Nomen Buchstaben ergänzt oder weggelassen werden.

der Finger + der Nagel = ______________________________

die Liebe + der Brief = ______________________________

die Geburt + der Tag = ______________________________

die Burg + der Turm = ______________________________

die Schaukel + der Stuhl = ______________________________

die Uhr + der Bahnhof = ______________________________

Erledigt am: ____________________ *So hat's geklappt:*

Wortarten

Zusammengesetzte Nomen

Welche zusammengesetzten Nomen kannst du bilden?
Schreibe die Nomen mit Artikel auf.

Bei zusammengesetzten Nomen müssen manchmal zwischen den beiden Nomen Buchstaben ergänzt oder weggelassen werden.

die Wäsche + der Korb = ______________________________

der Tisch + die Decke = ______________________________

die Vase + die Blume = ______________________________

der Spiegel + die Hand = ______________________________

die Hand + die Tasche = ______________________________

der Brei + die Kartoffel = ______________________________

Erledigt am: ____________________ *So hat's geklappt:*

Wortarten

Abstrakte Nomen

17

Ordne richtig zu.
Bilde ein abstraktes Nomen.

Wörter mit der Endung -keit, -heit, -ung und -nis werden großgeschrieben.

großzügig | ehrlich | dumm | feige | frech
aufregen | geheim | ärger | erschöpft | einbilden | tapfer
empfinden | wagen | zuverlässig | finster | faul

-keit				
-heit				
-ung				
-nis				

Erledigt am: ____________________

So hat's geklappt:

Wortarten

Abstrakte Nomen

18

Beschreibe die abstrakten Nomen.

Abenteuer:

____

Fantasie:

____

Ekel:

____

Glück:

____

Erledigt am: ____________________

So hat's geklappt:

Verben

19

Was tun die Personen?
Schreibe es auf.

Mit Verben drücken wir aus, was jemand tut. Verben werden immer kleingeschrieben. Sie werden auch Tunwörter genannt. Ein Satz ohne ein Verb ist nicht vollständig.

Erledigt am: ____________________

So hat's geklappt:

Wortarten

Verben

20

Was tun die Personen?
Schreibe es auf.

Mit Verben drücken wir aus, was jemand tut. Verben werden immer kleingeschrieben. Sie werden auch Tunwörter genannt. Ein Satz ohne ein Verb ist nicht vollständig.

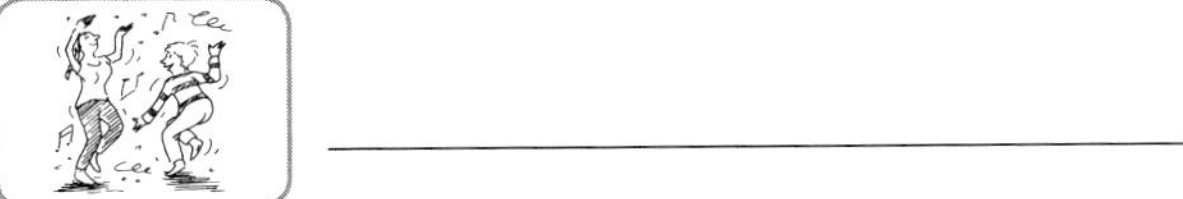

Erledigt am: ____________________

So hat's geklappt:

© PERSEN Verlag

Verben

21 **Schreibe die Verben in der Personalform.**

Verben stehen im Wörterbuch immer in der Grundform (im Infinitiv), z. B. steht dort *laufen* und nicht *läuft*.
Konjugieren bedeutet, das Verb in seine Personalform zu beugen.

ich	laufe
du	läufst
er/sie/es	läuft
wir	laufen
ihr	lauft
sie	laufen

Grundform	ich	du	er/sie/es	wir	ihr	sie
fressen						
singen						
lachen						
fahren						
haben						

Erledigt am: ____________________ *So hat's geklappt:*   

Wortarten

Verben

22 **Schreibe die Verben in der Personalform.**

Verben stehen im Wörterbuch immer in der Grundform (im Infinitiv), z. B. steht dort *laufen* und nicht *läuft*.
Konjugieren bedeutet, das Verb in seine Personalform zu beugen.

ich	laufe
du	läufst
er/sie/es	läuft
wir	laufen
ihr	lauft
sie	laufen

Grundform	ich	du	er/sie/es	wir	ihr	sie
spielen						
klettern						
turnen						
gehen						
sein						

Erledigt am: ____________________ *So hat's geklappt:*   

Wortarten

Verben

23 **Schreibe die Verben in der Personalform.**

Verben stehen im Wörterbuch immer in der Grundform (im Infinitiv), z. B. steht dort *laufen* und nicht *läuft*.
Konjugieren bedeutet, das Verb in seine Personalform zu beugen.

ich	laufe
du	läufst
er/sie/es	läuft
wir	laufen
ihr	lauft
sie	laufen

Grundform	ich	du	er/sie/es	wir	ihr	sie
malen						
tanzen						
reden						
rufen						
bekommen						

Erledigt am: ____________________

So hat's geklappt:   

Wortarten

Verben

24 **Schreibe die Verben in der Personalform.**

Verben stehen im Wörterbuch immer in der Grundform (im Infinitiv), z. B. steht dort *laufen* und nicht *läuft*.
Konjugieren bedeutet, das Verb in seine Personalform zu beugen.

ich	laufe
du	läufst
er/sie/es	läuft
wir	laufen
ihr	lauft
sie	laufen

Grundform	ich	du	er/sie/es	wir	ihr	sie
hüpfen						
schleichen						
flüstern						
kochen						
schlafen						

Erledigt am: ____________________

So hat's geklappt:   

Wortarten

Verben

25

Lies den Lückentext.
Ergänze die Verben in der richtigen Form.

Nele und Mandy ______________ (gehen) mit ihren Hunden in den Wald. Dort können die Hunde wunderbar ______________ (spielen). Plötzlich ______________ (hören) Nele ein Geräusch. Die Hunde ______________ (haben) es auch gehört. Hund Otto ______________ (bellen) laut. Nele ______________ (schauen) sich um. Sie ______________ (sehen) eine Bewegung hinter einem Baum. Sie ______________ (sagen) zu Mandy: „______________ (bewegen) dich nicht!“ Sie ______________ (warten). Da! Noch eine Bewegung! Jetzt muss Nele ______________ (lachen): Ein kleines Reh ______________ (springen) durch den Wald.

Erledigt am: ________________________ *So hat's geklappt:* ☺ 😐 ☹

Wortarten

Verben

26

Lies den Lückentext.
Ergänze die Verben in der richtigen Form.

Laura und Oma ______________ (backen) heute einen Schokoladenkuchen. Oma ______________ (suchen) die Zutaten zusammen. Laura ______________ (mischen) alles mit einem Löffel. Dann ______________ (füllen) Oma die Masse in eine Form. Sie ______________ (stellen) den Kuchen in den Backofen. Beide ______________ (warten) ungeduldig in der Küche, bis er fertig ist. Nach 30 Minuten ist er fertig ______________ (backen). Schnell ______________ (holen) sie Opa. Er ______________ (bekommen) das größte Stück.

Erledigt am: ________________________ *So hat's geklappt:* ☺ 😐 ☹

Wortarten

Verben

1 Lies die Sätze. Unterstreiche die Verben rot.

Heute fährt die Familie in den Urlaub.

Opa pflückt die Kirschen am Baum.

Isabel schreibt ihrer Freundin einen langen Brief.

Die Kinder verstecken sich im Garten.

Papa kocht Nudeln für die ganze Familie.

Mama liegt auf dem Sofa und liest ein dickes Buch.

2 Schreibe die Verben in der Grundform auf.

____

____

Erledigt am: ____________________ *So hat's geklappt:*

Wortarten

Verben

1 Lies die Sätze. Unterstreiche die Verben rot.

Ina spielt mit dem Hund des Nachbarn.

Die Kinder füttern die Enten am See.

Heute geht Greta nach der Schule zu ihrer Freundin.

Torben isst gerne Kartoffelbrei und Spinat.

Nur noch eine Nacht, dann kommt der Weihnachtsmann.

Am Strand bauen Jana und Julia Sandburgen.

2 Schreibe die Verben in der Grundform auf.

____

____

Erledigt am: ____________________ *So hat's geklappt:*  

Verben

29

1 **Lies die Sätze. Unterstreiche die Verben rot.**

Das Eichhörnchen versteckt die Nüsse für den Winter.

Der Igel schläft in einem warmen Blätterhaufen.

Konrad räumt alle Spielsachen in Kisten.

Oma Hilde kocht den Kindern ihr Lieblingsessen.

Opa Fritz und Hund Otto gehen in den Wald.

Pelle fährt mit dem Motorrad in den Urlaub.

2 **Schreibe die Verben in der Grundform auf.**

____

____

Erledigt am: ____________ *So hat's geklappt:*

Wortarten

Verben

30

Schreibe zu jedem Bild einen Satz.
Unterstreiche das Verb rot.

____

____

____

____

____

____

____

____

Erledigt am: ____________ *So hat's geklappt:*

Wortarten

Verben

31

Schreibe zu jedem Bild einen Satz.
Unterstreiche das Verb rot.

Erledigt am: ____________________

So hat's geklappt:

Wortarten

Verben

32

Schreibe zu jedem Bild einen Satz.
Unterstreiche das Verb rot.

Erledigt am: ____________________

So hat's geklappt:

Wortarten

Adjektive

33

Finde passende Adjektive.
Schreibe sie auf.

Mit Adjektiven beschreiben wir Dinge näher. Wir beschreiben, wie etwas ist.
Daher werden diese Wörter auch Wiewörter genannt.

Erledigt am: ______________________

So hat's geklappt:

Wortarten

Adjektive

34

Finde passende Adjektive.
Schreibe sie auf.

Mit Adjektiven beschreiben wir Dinge näher. Wir beschreiben, wie etwas ist.
Daher werden diese Wörter auch Wiewörter genannt.

Erledigt am: ______________________

So hat's geklappt:

Adjektive

Lies den Text. Finde die Adjektive im Text. Unterstreiche sie.

Heute gehen Pelle und Opa in den Garten. Alle roten Kirschen, die am großen Kirschbaum im Vorgarten hängen, wollen sie pflücken. Dafür haben sie einen großen, blauen Eimer und eine lange Leiter mitgenommen. Opa klettert die Leiter hinauf, bis er ganz oben ist. Pelle sammelt die Kirschen, die im grünen Gras liegen. Er ist glücklich, das Sammeln macht ihm Spaß. Die Sonne scheint, es ist richtig warm. Es sind kleine Wolken zu sehen.

Am Abend gehen sie müde mit dem vollen Eimer ins Haus. Heute haben sie fleißig gearbeitet. Oma ist stolz. „Morgen backe ich euch einen großen, leckeren Kirschkuchen!", sagt sie.

Erledigt am: ______________________ *So hat's geklappt:*

Adjektive

36

1. **Beschreibe dich selbst. Denke an dein Aussehen, deine Gefühle und dein Verhalten. Schreibe es auf.**
2. **Male ein Bild von dir.**

____

____

____

____

____

____

____

Erledigt am: ______________________ *So hat's geklappt:*

Wortarten

Adjektive

37 **Finde die Gegenteile der Adjektive.**

weich ______________________ groß ______________________

schnell ______________________ fröhlich ______________________

geschlossen ______________________ flach ______________________

leicht ______________________ trocken ______________________

schlau ______________________ gesund ______________________

jung ______________________ sauber ______________________

Erledigt am: ______________________ *So hat's geklappt:*

Wortarten

Adjektive

38 **Steigere die Adjektive.**

Das Besondere an Adjektiven ist, dass wir sie steigern können, z. B. hoch, höher, am höchsten.

hoch	höher	am höchsten
schön		
schnell		
schlau		
billig		
groß		

Erledigt am: ______________________ *So hat's geklappt:*

Wortarten

Adjektive

Steigere die Adjektive.

Das Besondere an Adjektiven ist, dass wir sie steigern können, z. B. hoch, höher, am höchsten.

leicht		
langsam		
hell		
jung		
dick		
gut		

Erledigt am: ______________________ *So hat's geklappt:*  

Wortarten

Adjektive

Steigere die Adjektive.

Das Besondere an Adjektiven ist, dass wir sie steigern können, z. B. hoch, höher, am höchsten.

schwer		
dunkel		
alt		
dünn		
weich		
viel		

Erledigt am: ______________________ *So hat's geklappt:*   

Wortarten

Alle Wortarten

41

Um welche Wortarten handelt es sich?
Ordne sie in die Tabelle ein.

TASCHE SPIELEN KÄMPFEN NASS KÄFER KALT

GUT SICHERHEIT WINDIG SINGEN LESEN TULPE

Nomen	Verben	Adjektive

Erledigt am: ____________________ *So hat's geklappt:*

Wortarten

Alle Wortarten

42

Um welche Wortarten handelt es sich?
Ordne sie in die Tabelle ein.

PFERD WEINEN HÜBSCH SCHWIMMEN UHR RUFEN

HART GROß LAUFEN GESCHIRR DUNKEL LIEBE

Nomen	Verben	Adjektive

Erledigt am: ____________________ *So hat's geklappt:*

Wortarten

Alle Wortarten

1 Lies die Sätze.

2 Unterstreiche Nomen blau, Verben rot und Adjektive grün.

DAS KLEINE REH LÄUFT VORSICHTIG DURCH DEN DUNKLEN WALD.

OMA UND OPA SCHLAFEN MÜDE AUF DEM ROTEN SOFA EIN.

RUTH REITET AUF IHREM BRAUNEN PFERD ÜBER DIE GROßE WIESE.

HUND PEPE FRISST DAS ANGEBRANNTE ESSEN.

SONJA BAUT AUS KLEINEN UND GROßEN ÄSTEN EIN VERSTECK IM GARTEN.

Erledigt am: ____________________ *So hat's geklappt:*  

Wortarten

Alle Wortarten

1 Lies die Sätze.

2 Unterstreiche Nomen blau, Verben rot und Adjektive grün.

JULIA BEKOMMT ZUM GEBURTSTAG EINE BUNTE TORTE UND VIELE ROTE LUFTBALLONS.

IM HERBST WERDEN DIE BLÄTTER AN DEN BÄUMEN BUNT UND FALLEN DANACH VOM BAUM.

MIT GELBEN UND GRÜNEN FÖRMCHEN BAUEN DIE KINDER EINE SANDBURG.

ALS ES WINDIG IST, LÄSST JONAS SEINEN ROTEN DRACHEN STEIGEN.

SARAH BASTELT MIT MAMA EINE LATERNE AUS BUNTEM PAPIER.

Erledigt am: ____________________ *So hat's geklappt:* 

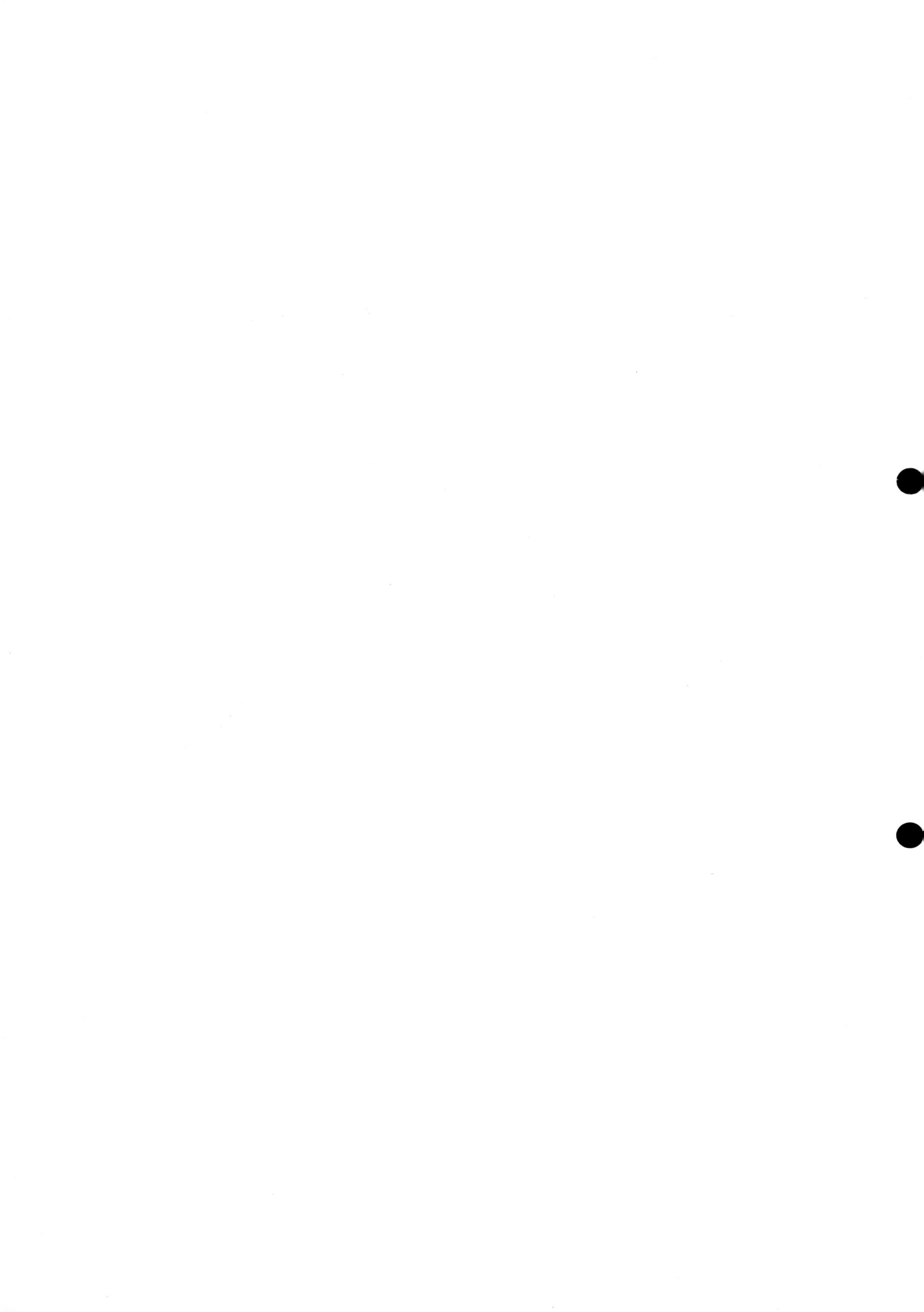

Präteritum

**Vervollständige die Tabelle mit dem Verb *spielen*.
Schreibe die Endungen farbig.**

Verben können in verschiedenen Zeitformen stehen. Das Präteritum (1. Vergangenheit) beschreibt vergangene Ereignisse. In Aufsätzen und in Büchern wird oft im Präteritum geschrieben.

	Gegenwart	Präteritum (1. Vergangenheit)
ich	ich spiel**e**	ich spiel**te**
du		
er/sie/es		
wir		
ihr		
sie		

Erledigt am: ____________________ *So hat's geklappt:*   

Zeitformen

Präteritum

**Vervollständige die Tabelle mit dem Verb *kaufen*.
Schreibe die Endungen farbig.**

Verben können in verschiedenen Zeitformen stehen. Das Präteritum (1. Vergangenheit) beschreibt vergangene Ereignisse. In Aufsätzen und in Büchern wird oft im Präteritum geschrieben.

	Gegenwart	Präteritum (1. Vergangenheit)
ich	ich kauf**e**	kauf**te**
du		
er/sie/es		
wir		
ihr		
sie		

Erledigt am: ____________________ *So hat's geklappt:* 

Zeitformen

Präteritum

Vervollständige die Tabelle mit dem Verb *gehen*.
Schreibe die Endungen farbig.

Achtung: Bei unregelmäßigen Verben musst du besonders auf die Rechtschreibung achten.

	Gegenwart	Präteritum (1. Vergangenheit)
ich	ich gehe	
du		du gingst
er/sie/es		
wir		
ihr		
sie		

Erledigt am: ____________________ *So hat's geklappt:* 

Zeitformen

Präteritum

Vervollständige die Tabelle mit dem Verb *fahren*.
Schreibe die Endungen farbig.

Achtung: Bei unregelmäßigen Verben musst du besonders auf die Rechtschreibung achten.

	Gegenwart	Präteritum (1. Vergangenheit)
ich	ich fahre	
du		
er/sie/es		
wir		
ihr		ihr fuhrt
sie		

Erledigt am: ____________________ *So hat's geklappt:* 

Zeitformen

Präteritum

Vervollständige die Tabelle mit dem Verb *kommen*.
Schreibe die Endungen farbig.

Achtung: Bei unregelmäßigen Verben musst du besonders auf die Rechtschreibung achten.

	Gegenwart	Präteritum (1. Vergangenheit)
ich		
du	du kommst	
er/sie/es		
wir		
ihr		
sie		

Erledigt am: ____________________ *So hat's geklappt:* 

Zeitformen

Präteritum

Vervollständige die Tabelle mit dem Verb *laufen*.
Schreibe die Endungen farbig.

Achtung: Bei unregelmäßigen Verben musst du besonders auf die Rechtschreibung achten.

	Gegenwart	Präteritum (1. Vergangenheit)
ich		
du		
er/sie/es		
wir		
ihr	ihr lauft	
sie		

Erledigt am: ____________________ *So hat's geklappt:* 

Präteritum

51 **Schreibe zu jedem Bild einen Satz im Präteritum.**

____

____

____

____

____

____

____

____

Erledigt am: ______________ *So hat's geklappt:*

Zeitformen

Präteritum

Lies den Lückentext.
Schreibe die Verben im Präteritum.
Achtung: Zwei Verben bleiben unverändert.

Es ____________ (sein) einmal ein König und eine Königin, die ____________ (bekommen) eine Tochter. Der König ____________ (geben) ein großes Fest. Es ____________ (kommen) auch zwölf weise Frauen. Die dreizehnte weise Frau ____________ (sein) wütend, weil sie nicht ____________ (einladen) ____________ (sein). Sie ____________ (verfluchen) das Kind. Es ____________ (sollen) sich an einer Spindel ____________ (stechen) und tot ____________ (umfallen).

Erledigt am: ______________ *So hat's geklappt:*

Zeitformen

Perfekt

Vervollständige die Tabelle mit dem Verb *sehen*.
Schreibe beim Perfekt die Vor- und Nachsilben farbig.

Verben können in verschiedenen Zeitformen stehen. Das Perfekt (2. Vergangenheit) beschreibt eine abgeschlossene Handlung in der Vergangenheit. Es wird mit dem Hilfsverb *haben* oder *sein* gebildet.

Achtung: Bei unregelmäßigen Verben musst du besonders auf die Rechtschreibung achten.

	Präteritum (1. Vergangenheit)	Perfekt (2. Vergangenheit)
ich		ich habe gesehen
du	du sahst	
er/sie/es		
wir		
ihr		
sie		

Erledigt am: ____________________ *So hat's geklappt:* 

Zeitformen

Perfekt

Vervollständige die Tabelle mit dem Verb *fliegen*.
Schreibe beim Perfekt die Vor- und Nachsilben farbig.

Verben können in verschiedenen Zeitformen stehen. Das Perfekt (2. Vergangenheit) beschreibt eine abgeschlossene Handlung in der Vergangenheit. Es wird mit dem Hilfsverb *haben* oder *sein* gebildet.

Achtung: Bei unregelmäßigen Verben musst du besonders auf die Rechtschreibung achten.

	Präteritum (1. Vergangenheit)	Perfekt (2. Vergangenheit)
ich	ich flog	
du		du bist geflogen
er/sie/es		
wir		
ihr		
sie		

Erledigt am: ____________________ *So hat's geklappt:* 

Perfekt

Vervollständige die Tabelle mit dem Verb *denken*.
Schreibe beim Perfekt die Vor- und Nachsilben farbig.

Verben können in verschiedenen Zeitformen stehen. Das Perfekt (2. Vergangenheit) beschreibt eine abgeschlossene Handlung in der Vergangenheit. Es wird mit dem Hilfsverb *haben* oder *sein* gebildet.

Achtung: Bei unregelmäßigen Verben musst du besonders auf die Rechtschreibung achten.

	Präteritum (1. Vergangenheit)	Perfekt (2. Vergangenheit)
ich		
du		
er/sie/es		
wir	wir dachten	
ihr		
sie		

Erledigt am: ______________________ *So hat's geklappt:* 

Zeitformen

Perfekt

Vervollständige die Tabelle mit dem Verb *fallen*.
Schreibe beim Perfekt die Vor- und Nachsilben farbig.

Verben können in verschiedenen Zeitformen stehen. Das Perfekt (2. Vergangenheit) beschreibt eine abgeschlossene Handlung in der Vergangenheit. Es wird mit dem Hilfsverb *haben* oder *sein* gebildet.

Achtung: Bei unregelmäßigen Verben musst du besonders auf die Rechtschreibung achten.

	Präteritum (1. Vergangenheit)	Perfekt (2. Vergangenheit)
ich		
du		
er/sie/es		
wir		
ihr		
sie	sie fielen	

Erledigt am: ______________________ *So hat's geklappt:* 

Zeitformen

Perfekt

Vervollständige die Tabelle mit dem Verb *schlafen.*
Schreibe beim Perfekt die Vor- und Nachsilben farbig.

Achtung: Bei unregelmäßigen Verben musst du besonders auf die Rechtschreibung achten.

	Präteritum (1. Vergangenheit)	Perfekt (2. Vergangenheit)
ich		ich habe geschlafen
du		
er/sie/es	er schlief	
wir		
ihr		
sie		

Erledigt am: ____________________ *So hat's geklappt:*   

Zeitformen

Perfekt

Vervollständige die Tabelle mit dem Verb *schreiben.*
Schreibe beim Perfekt die Vor- und Nachsilben farbig.

Achtung: Bei unregelmäßigen Verben musst du besonders auf die Rechtschreibung achten.

	Präteritum (1. Vergangenheit)	Perfekt (2. Vergangenheit)
ich		
du		
er/sie/es		
wir		
ihr	ihr schriebt	
sie		

Erledigt am: ____________________ *So hat's geklappt:*  

Zeitformen

Perfekt

59

Schreibe zu jedem Bild einen Satz im Perfekt.

Erledigt am: ______________________

So hat's geklappt:

Zeitformen

Perfekt

60

1 Lies die Sätze. Unterstreiche alle Verben.

Emmi zieht ihre Gummistiefel und ihren Regenmantel an. Sie geht in den Garten. Im Garten gibt es viele Pfützen. Sie springt in die Pfützen. Hund Anton badet in einer großen Pfütze. Nass und dreckig gehen sie wieder ins Haus. Emmi wirft ihre Kleidung in den Keller. Schnell geht sie heiß duschen. Nach ihr ist Hund Anton mit duschen an der Reihe. Er wedelt mit dem Schwanz.

2 Schreibe die Verben im Perfekt.

Erledigt am: ______________________

So hat's geklappt:

Zeitformen

Futur

Vervollständige die Tabelle mit dem Verb *gehen.*
Schreibe beim Futur die Vor- und Nachsilben farbig.

Verben können in verschiedenen Zeitformen stehen. Das Futur beschreibt ein Ereignis, das in der Zukunft passieren wird. Es wird mit dem gebeugten Hilfsverb *werden* und der Grundform (Infinitiv) des Verbs gebildet.

	Gegenwart	Futur (Zukunft)
ich		
du		du wirst gehen
er/sie/es		
wir		
ihr	ihr geht	
sie		

Erledigt am: ____________________ *So hat's geklappt:*

Zeitformen

Futur

Vervollständige die Tabelle mit dem Verb *spielen.*
Schreibe beim Futur die Vor- und Nachsilben farbig.

Verben können in verschiedenen Zeitformen stehen. Das Futur beschreibt ein Ereignis, das in der Zukunft passieren wird. Es wird mit dem gebeugten Hilfsverb *werden* und der Grundform (Infinitiv) des Verbs gebildet.

	Gegenwart	Futur (Zukunft)
ich		ich werde spielen
du		
er/sie/es		
wir		
ihr		
sie		

Erledigt am: ____________________ *So hat's geklappt:* 

Zeitformen

Futur

63

1 Lies die Sätze. Unterstreiche alle Verben.

Der Schnee liegt im Garten meterhoch.

Das Gespenst spukt im Schloss.

Paul ruft seine Oma in Paris an.

Der Schulbus hat eine halbe Stunde Verspätung.

Mias Eltern kaufen Flugtickets für den Urlaub.

Hannah macht die Hausaufgaben nicht.

2 Schreibe die Sätze im Futur in dein Heft.

Erledigt am: ______________________

So hat's geklappt:

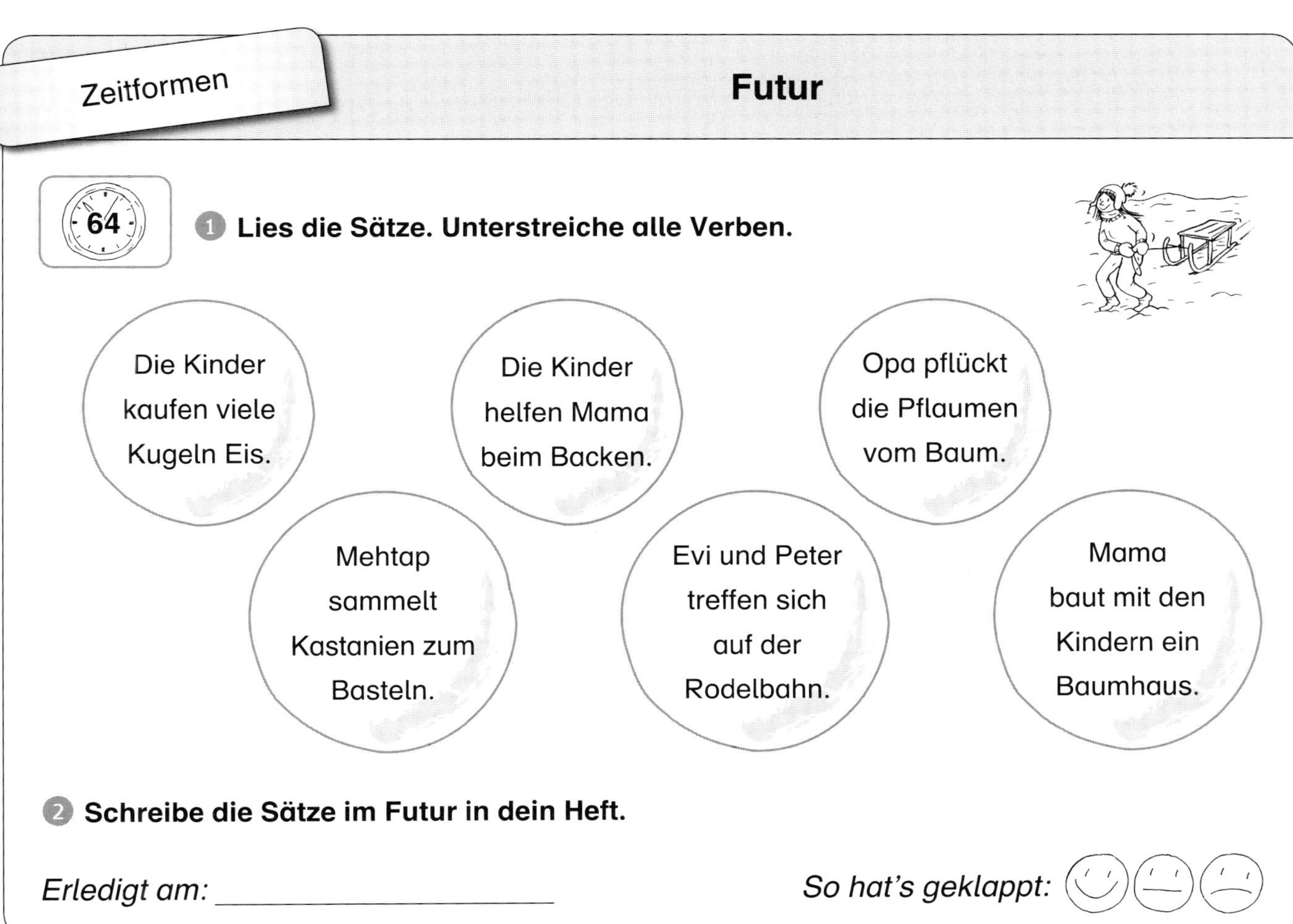

Zeitformen

Futur

64

1 Lies die Sätze. Unterstreiche alle Verben.

Die Kinder kaufen viele Kugeln Eis.

Die Kinder helfen Mama beim Backen.

Opa pflückt die Pflaumen vom Baum.

Mehtap sammelt Kastanien zum Basteln.

Evi und Peter treffen sich auf der Rodelbahn.

Mama baut mit den Kindern ein Baumhaus.

2 Schreibe die Sätze im Futur in dein Heft.

Erledigt am: ______________________

So hat's geklappt:

Zeitformen

Futur

1 Lies den Text. Unterstreiche die Verben.

Maja und Ida langweilen sich. Sie laufen in den Wald.

Dort treffen sie Linus. Er baut sich ein Versteck aus Ästen.

Maja und Ida helfen ihm. Sie sammeln viele Äste in der Nähe.

Aus den Ästen bauen sie eine Bude. Sie steht an einem Baum. Die Kinder setzen sich in das Versteck. Von außen kann sie niemand sehen. Sie hören ein Geräusch im Laub. Es raschelt.

Sie sehen einen kleinen Igel.

2 Schreibe die Sätze im Futur in dein Heft.

Erledigt am: ____________________

So hat's geklappt:  

Zeitformen

Futur

66

Wie stellst du dir die Zukunft vor?
Schreibe fünf Sätze im Futur.

1 ____________________

2 ____________________

3 ____________________

4 ____________________

5 ____________________

Erledigt am: ____________________

So hat's geklappt:

Präsens

Lies die Lückensätze.
Ergänze die Verben in der richtigen Form.

Verben können in verschiedenen Zeitformen stehen.
Das Präsens ist die Zeitform der Gegenwart. Es beschreibt etwas, das gerade passiert.

ich	laufe
du	läufst
er/sie/es	läuft
wir	laufen
ihr	lauft
sie	laufen

Jannas beste Freundin ____________ (kommen) aus einer anderen Stadt.

Ich ____________ (haben) eine kleine Schwester, sie ____________ (heißen) Ruth.

Ole und Anton ____________ (sein) auf dem Spielplatz und ____________ (schaukeln).

Merlek ____________ (lesen) gerne und ____________ (hören) dabei Musik.

Fabian ____________ (sein) der Beste im Sportunterricht.

Erledigt am: ____________________ *So hat's geklappt:*

Zeitformen

Präsens

Lies die Lückensätze.
Ergänze die Verben in der richtigen Form.

Verben können in verschiedenen Zeitformen stehen. Das Präsens ist die Zeitform der Gegenwart. Es beschreibt etwas, das gerade passiert.

Du ____________ (kochen) gut.

Das ____________ (sein) mein Hund, er ____________ (bellen) den ganzen Tag.

In den Sommerferien ____________ (fahren) wir in den Urlaub ans Meer.

Er ____________ (laufen) schnell nach Hause, weil Mama Essen ____________ (kochen).

Andreas ____________ (waschen) sich die Hände vor dem Abendessen.

Papa ____________ (schreiben) einen Einkaufszettel.

Carlos ____________ (tanzen) im Kinderzimmer.

Erledigt am: ____________________ *So hat's geklappt:*

Zeitformen

Präsens

Lies die Lückensätze.
Ergänze die Verben in der richtigen Form.

Ich ______________ (warten) auf eure Lieblingssendung.

Nele ______________ (spazieren) mit Oma um den See.

Die Band ______________ (spielen) auf der Bühne gute Musik.

Elmira ______________ (springen) die Treppenstufen herunter.

Er ______________ (setzen) sich auf einen Stuhl und ______________ (warten).

Wir ______________ (schreiben) einen langen Brief an unsere Eltern.

Rafik ______________ (gewinnen) das Spiel.

Erledigt am: ________________________ *So hat's geklappt:*

Zeitformen

Präsens

Lies die Lückensätze.
Ergänze die Verben in der richtigen Form.

Ihr ______________ (schauen) einen Film im Kino.

Hund Otto ______________ (riechen) den Braten in der Küche.

______________ (gehen) ihr heute ins Kino?

Elli und Ida ______________ (schwimmen) den ganzen Tag im Freibad.

Wir ______________ (wandern) einen hohen Berg hinauf.

Du ______________ (sehen) dir einen traurigen Film an.

Ich ______________ (kochen) heute Spaghetti mit Tomatensoße.

Erledigt am: ________________________ *So hat's geklappt:* 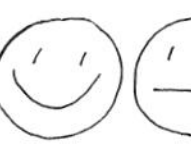  

Zeitformen

Alle Zeitformen

1 Lies die Sätze. Unterstreiche die Verben.
Achtung: Denke auch an die Hilfsverben.

Mehmet wird das Lied auswendig lernen.

Susanne kocht das Mittagessen.

Papa wird ein Baumhaus bauen.

Ich habe für die Arbeit zwei Wochen gelernt.

Die Kinder rannten über den Schulhof.

Der Hund läuft in der Küche im Kreis.

2 Ordne die Verben der richtigen Zeit zu. Schreibe sie auf.

Präsens: ____________________

Präteritum: ____________________

Perfekt: ____________________

Futur: ____________________

Erledigt am: __________ *So hat's geklappt:*

Zeitformen

Alle Zeitformen

1 Lies die Sätze. Unterstreiche die Verben.
Achtung: Denke auch an die Hilfsverben.

Steffi wäscht das Auto.

Der Hund biss die Katze.

Die Kinder werden viel Spaß haben.

Sie ist gestern ans Meer gefahren.

Mama rief die Kinder zum Essen.

Celina wird morgen telefonieren.

2 Ordne die Verben der richtigen Zeit zu. Schreibe sie auf.

Präsens: ____________________

Präteritum: ____________________

Perfekt: ____________________

Futur: ____________________

Erledigt am: __________ *So hat's geklappt:*   

Zeitformen

Alle Zeitformen

Schreibe die Sätze in allen Zeitformen. Unterstreiche die Verben.
Achtung: Denke auch an die Hilfsverben.

Präsens	Tamara malt ein Bild.
Futur	
Präteritum	
Perfekt	

Präsens	Paula und Aishe singen ein Lied.
Futur	
Präteritum	
Perfekt	

Erledigt am: ____________________ *So hat's geklappt:*

Zeitformen

Alle Zeitformen

Schreibe die Sätze in allen Zeitformen. Unterstreiche die Verben.
Achtung: Denke auch an die Hilfsverben.

Präsens	Die Katze fängt eine kleine Maus.
Futur	
Präteritum	
Perfekt	

Präsens	Fridolin packt seinen Koffer für den Urlaub.
Futur	
Präteritum	
Perfekt	

Erledigt am: ____________________ *So hat's geklappt:*   

Zeitformen

Alle Zeitformen

Lies die Sätze. In welcher Zeitform stehen sie?
Male sie in der richtigen Farbe an: Präteritum = lila, Perfekt = gelb.

Martha und Anton sind auf den Spielplatz gegangen.

Ben spielte mit seinen Kuscheltieren.

Papa reparierte das Fahrrad von Tina.

Die Kinder sind zu den Großeltern gefahren.

Mia ist mit Mama zum Zirkus gegangen.

Oma sah ihre Lieblingssendung im Fernsehen.

Ich holte ein Buch aus meinem Zimmer.

Erledigt am: ____________________

So hat's geklappt:   

Zeitformen

Alle Zeitformen

Lies die Sätze. In welcher Zeitform stehen sie?
Male sie in der richtigen Farbe an: Präteritum = lila, Perfekt = gelb, Futur = grün.

Du wirst einen Brief schreiben.

Die Kinder waren mit ihrem Lenkdrachen im Garten.

Ich werde die schwere Einkaufstasche tragen.

Sie werden viel Wasser trinken.

Du bist mit Papa in den Supermarkt gegangen.

Sie saß aufgeregt beim Arzt im Wartezimmer.

Ich habe dir ein Spielzeug von mir gegeben.

Erledigt am: ____________________

So hat's geklappt: 

Satzglieder

Subjekt

Stelle die Frage nach dem Subjekt.
Kreise das Subjekt blau ein. Notiere die Antwort.

„Wer oder was?" ist die Frage nach dem Subjekt. Ein Subjekt ist immer aktiv, es handelt.

Laura bastelt Tiere aus Kastanien.

Frage: Wer oder was bastelt Tiere aus Kastanien?

Antwort: ______________________

Fiona spielt mit ihren Puppen im Garten.

Frage: ______________________

Antwort: ______________________

Pablo backt eine Torte mit viel Schokolade.

Frage: ______________________

Antwort: ______________________

Erledigt am: ______________ *So hat's geklappt:*

Satzglieder

Subjekt

78

Stelle die Frage nach dem Subjekt.
Kreise das Subjekt blau ein. Notiere die Antwort.

„Wer oder was?" ist die Frage nach dem Subjekt. Ein Subjekt ist immer aktiv, es handelt.

Leise stellt Hendrik sein Fahrrad im Flur ab.

Frage: Wer oder was ______________________

Antwort: ______________________

Pavel muss das Geschirr in der Küche abspülen.

Frage: ______________________

Antwort: ______________________

Im ganzen Haus sucht Mama ihre Brille.

Frage: ______________________

Antwort: ______________________

Erledigt am: ______________ *So hat's geklappt:*

Satzglieder

Subjekt

79

Stelle die Frage nach dem Subjekt.
Kreise das Subjekt blau ein. Notiere die Antwort.

„**Wer oder was?**" ist die Frage nach dem Subjekt. Ein Subjekt ist immer aktiv, es handelt.

Das rote Auto hält an der Ampel.

Frage: Wer oder was ______________________

Antwort: ______________________

Goldmarie schüttelt die Äpfel vom Baum.

Frage: ______________________

Antwort: ______________________

Leni bastelt einen bunten Lenkdrachen aus Papier.

Frage: ______________________

Antwort: ______________________

Erledigt am: ______________ *So hat's geklappt:*

Satzglieder

Subjekt

80

Stelle die Frage nach dem Subjekt.
Kreise das Subjekt blau ein. Notiere die Antwort.

„**Wer oder was?**" ist die Frage nach dem Subjekt. Ein Subjekt ist immer aktiv, es handelt.

Opa muss die Kekse dringend aus dem Backofen holen.

Frage: Wer oder was ______________________

Antwort: ______________________

Überall liegen bunte Kleider auf dem Boden.

Frage: ______________________

Antwort: ______________________

Nael baut in seinem Zimmer ein Versteck aus Kisten.

Frage: ______________________

Antwort: ______________________

Erledigt am: ______________ *So hat's geklappt:* 

Satzglieder

Subjekt

Lies die Sätze. Kreise das Subjekt blau ein.

Ali muss noch Lebensmittel einkaufen.

Ich pflanze Blumen im Garten ein.

Papa streicht die Holzfenster am Haus neu.

Jette spielt im Garten mit ihrem Hund.

Hannes hat sich einen Superheldenumhang genäht.

Lotta sammelt die Äpfel, die vom Baum gefallen sind.

Morgens um 3 Uhr muss der Bäcker aufstehen.

Der Schulbus fährt pünktlich um 7.30 Uhr ab.

Erledigt am: 

So hat's geklappt:   

Satzglieder

Subjekt

Lies die Sätze. Kreise das Subjekt blau ein.

Oma muss noch die Blumen im Garten gießen.

In der Speisekammer knabbert eine kleine Maus am Käse.

Mama hat Süßigkeiten in einem Geheimversteck gelagert.

Philipp liest seiner Schwester eine Gute-Nacht-Geschichte vor.

Linus ist der jüngste Schüler in seiner Klasse.

Es regnet heute sehr stark.

Alia spannt einen Regenschirm auf.

Heute gehe ich nicht zur Schule.

Erledigt am: 

So hat's geklappt: 

Satzglieder

Prädikat

Stelle die Frage nach dem Prädikat.
Kreise das Prädikat rot ein. Notiere die Antwort.

> **„Was tut …?", „Was tut das Subjekt?"** sind die Fragen nach dem Prädikat.
> Ein Prädikat ist immer ein Verb und beschreibt eine Handlung, einen Vorgang oder einen Zustand.

Noah baut einen Turm aus Legosteinen.

Frage: Was tut Noah? ____________________

Antwort: ____________________

Die Familie fährt heute in den Zoo.

Frage: ____________________

Antwort: ____________________

Tom übt fleißig seine Zaubertricks.

Frage: ____________________

Antwort: ____________________

Erledigt am: ____________ *So hat's geklappt:*

Satzglieder

Prädikat

84

Stelle die Frage nach dem Prädikat.
Kreise das Prädikat rot ein. Notiere die Antwort.

> **„Was tut …?", „Was tut das Subjekt?"** sind die Fragen nach dem Prädikat.
> Ein Prädikat ist immer ein Verb und beschreibt eine Handlung, einen Vorgang oder einen Zustand.

Die Kinder spielen im Wald.

Frage: Was tun ____________________

Antwort: ____________________

Die Prinzessin schenkt dem König eine Blume.

Frage: ____________________

Antwort: ____________________

Der Ritter kämpft gegen den Drachen.

Frage: ____________________

Antwort: ____________________

Erledigt am: ____________ *So hat's geklappt:*

Satzglieder

Prädikat

85

Stelle die Frage nach dem Prädikat.
Kreise das Prädikat rot ein. Notiere die Antwort.

„Was tut …?", „Was tut das Subjekt?" sind die Fragen nach dem Prädikat.
Ein Prädikat ist immer ein Verb und beschreibt eine Handlung, einen Vorgang oder einen Zustand.

Sie fahren mit dem Zug in die Berge.

Frage: Was tun ____________________

Antwort: ____________________

Die Ballerina tanzt auf der Bühne.

Frage: ____________________

Antwort: ____________________

Papa isst hungrig das Mittagessen.

Frage: ____________________

Antwort: ____________________

Erledigt am: ____________________ *So hat's geklappt:*

Satzglieder

Prädikat

86

Stelle die Frage nach dem Prädikat.
Kreise das Prädikat rot ein. Notiere die Antwort.

„Was tut …?", „Was tut das Subjekt?" sind die Fragen nach dem Prädikat.
Ein Prädikat ist immer ein Verb und beschreibt eine Handlung, einen Vorgang oder einen Zustand.

Nele telefoniert mit ihrer Oma.

Frage: Was tut ____________________

Antwort: ____________________

Die Kinder bauen einen Schneemann im Garten.

Frage: ____________________

Antwort: ____________________

Der Hund findet im Wald einen großen Stock.

Frage: ____________________

Antwort: ____________________

Erledigt am: ____________________ *So hat's geklappt:*

Satzglieder

Prädikat

Stelle die Frage nach dem mehrteiligen Prädikat.
Kreise das mehrteilige Prädikat rot ein. Notiere die Antwort.

Ein Prädikat kann auch mehrteilig sein.

Beispiel: Mein Vater hat die Blumen gegossen.	**Frage:** Was hat mein Vater getan?	**Antwort:** Er hat die Blumen gegossen.

Der Zirkusdirektor kündigt das nächste Kunststück an.

Frage: Was tut ______

Antwort: ______

Peter zieht sich deine Schneehose an.

Frage: ______

Antwort: ______

Julia hat lange auf den Bus gewartet.

Frage: ______

Antwort: ______

Erledigt am: ______ *So hat's geklappt:*

Satzglieder

Prädikat

Lies die Sätze.
Kreise das mehrteilige Prädikat rot ein.

Jonas hat seine Hausaufgaben direkt gemacht.

Opa hat heute den Rasen gemäht.

Marcel ist nicht auf den Spielplatz gekommen.

Er wollte sich ein Butterbrot kaufen.

Das Mädchen hat die Tasse vom Tisch genommen.

Das Schulfest wird in der Aula stattfinden.

Die Kinder essen den ganzen Kuchen auf.

Ole stellt all seine Spielsachen in einer Reihe auf.

Erledigt am: ______ *So hat's geklappt:*   

Satzglieder

Objekt

Stelle die Frage nach dem Dativobjekt.
Kreise das Dativobjekt grün ein. Notiere die Antwort.

„Wem …?“ ist die Frage nach dem Dativobjekt. Das Dativobjekt kann aus mehreren Wörtern bestehen. Nomen und Pronomen können Dativobjekte sein. Ein Objekt ist eine weitere Sache oder eine Person, die nicht aktiv handelt.

Der Koch servierte den Gästen Spaghetti mit Tomatensoße.
Frage: Wem servierte ______
Antwort: ______

Die Kinder danken dem Fotografen für die schönen Fotos.
Frage: ______
Antwort: ______

Kilian schenkt seiner Oma einen großen Blumenstrauß.
Frage: ______
Antwort: ______

Erledigt am: ______ *So hat's geklappt:*

Satzglieder

Objekt

Lies die Sätze.
Kreise das Dativobjekt grün ein.

Jonathan zeigt seiner Mutter stolz sein Zeugnis.

Jana hilft dem kleinen Frosch über die Straße.

Ben hilft der alten Frau beim Tragen.

Papa gibt ihm Geld für ein Eis.

Den Hunden habe ich etwas zu fressen gegeben.

Wir möchten euch zum guten Spiel gratulieren.

Mama gibt der Kellnerin das Geld.

Max gibt ihm sein Buch zurück.

Erledigt am: ______ *So hat's geklappt:* 

Satzglieder

Objekt

Stelle die Frage nach dem Akkusativobjekt.
Kreise das Akkusativobjekt grün ein. Notiere die Antwort.

„Wen oder was…?" ist die Frage nach dem Akkusativobjekt. Das Akkusativobjekt kann aus mehreren Wörtern bestehen. Nomen und Pronomen können Akkusativobjekte sein. Ein Objekt ist eine weitere Sache oder eine Person, die nicht aktiv handelt.

Levi trifft Felix jeden Tag nach der Schule.
Frage: Wen oder was trifft ____________________
Antwort: ____________________

Mama holt Anna von der Schule ab.
Frage: ____________________
Antwort: ____________________

Die Kinder haben ein schönes Schulfest vorbereitet.
Frage: ____________________
Antwort: ____________________

Erledigt am: ____________________ *So hat's geklappt:*

Satzglieder

Objekt

Lies die Sätze.
Kreise das Akkusativobjekt grün ein.

Die Kinder haben nette Freunde im Urlaub kennengelernt.

Leonie schmückt den Tannenbaum zusammen mit Mama.

Nora legt eine CD in den CD-Player.

Die Akrobaten zeigen den Zuschauern ihre Sprungkünste.

Fabian wäscht das schmutzige Geschirr ab.

Der Hase bekommt eine extragroße Karotte.

Die Puppe hatte eine große, rote Schleife im Haar.

Der Pirat hat sein Fernrohr im Meer verloren.

Erledigt am: ____________________ *So hat's geklappt:*

Satzglieder

Objekt

Handelt es sich um ein Dativ- oder ein Akkusativobjekt?

1. **Stelle die Frage nach dem Objekt.**
2. **Verbinde.**
3. **Unterstreiche das Objekt im Satz.**

Der Wolf jagt das Reh.

Ich helfe Mama bei der Gartenarbeit.

Paul fragt eine Frau nach dem Weg.

Das Taschengeld gibt Marie direkt aus.

Hannah erzählt Finn eine Geschichte.

Der alte Herr nimmt eine Taschenlampe in die Hand.

Akkusativobjekt

Dativobjekt

Erledigt am: ____________________

So hat's geklappt:  

Satzglieder

Objekt

Handelt es sich um ein Dativ- oder ein Akkusativobjekt?

1. **Stelle die Frage nach dem Objekt.**
2. **Verbinde.**
3. **Unterstreiche das Objekt im Satz.**

Das Fahrrad gehört seinem Bruder.

Elena fragt ihre Freundin nach den Hausaufgaben.

Ich schenke ihr ein Brettspiel.

Du hast mir einen Brief geschrieben.

Das Eichhörnchen sucht seine versteckten Nüsse.

Die Katze nähert sich der Maus sehr schnell.

Akkusativobjekt

Dativobjekt

Erledigt am: ____________________

So hat's geklappt: 

Satzglieder

Ortsangaben & Zeitangaben

Stelle die Frage nach der Zeitangabe.
Unterstreiche die Zeitangabe lila. Notiere die Antwort.

Die Zeitangabe wird mit den Fragen **„Wann?"**, **„Wie oft?"**, **„Wie lange?"** bestimmt.
Sie beschreibt die Zeit genauer, in der etwas geschieht.

Papa und Finn backen den Kuchen 30 Minuten lang.

Frage: Wie lange ______

Antwort: ______

Gestern haben die Kinder im Garten ein Zelt aufgebaut.

Frage: ______

Antwort: ______

Ole schaut seinen Lieblingsfilm zweimal.

Frage: ______

Antwort: ______

Erledigt am: ______ *So hat's geklappt:*

Satzglieder

Ortsangaben & Zeitangaben

96

Stelle die Frage nach der Ortsangabe.
Unterstreiche die Ortsangabe orange. Notiere die Antwort.

Die Ortsangabe wird mit den Fragen **„Wo?"**, **„Wohin?"**, **„Woher?"** bestimmt.
Sie beschreibt den Ort genauer, an dem etwas geschieht.

Der Pirat steht auf dem Schiffsdeck und schaut durchs Fernglas.

Frage: Wo ______

Antwort: ______

Der Hund kommt aus der Küche.

Frage: ______

Antwort: ______

Die Kinder gehen zuerst in die Sporthalle.

Frage: ______

Antwort: ______

Erledigt am: ______ *So hat's geklappt:*

Satzglieder

Alle Satzglieder

97

1. **Bilde aus den Satzgliedern sinnvolle Sätze.**
2. **Unterstreiche das Subjekt, Prädikat und Objekt in den richtigen Farben. Markiere auch Orts- und Zeitangaben, falls vorhanden.**

Ballett	in seinem Zimmer	tanzt	Felix

___

braucht	Das Spielzeug	neue Batterien

___

Oma	Jeden Samstag	einen Kuchen	backt

___

Erledigt am: ____________ *So hat's geklappt:*

Satzglieder

Alle Satzglieder

98

1. **Bilde aus den Satzgliedern sinnvolle Sätze.**
2. **Unterstreiche das Subjekt, Prädikat und Objekt in den richtigen Farben. Markiere auch Orts- und Zeitangaben, falls vorhanden.**

gehört	Das Buch	meinem Bruder

___

die Gäste	fährt	Der Bus	in die Stadt

___

holt	die Brötchen	sonntags	Papa

___

Erledigt am: ____________ *So hat's geklappt:*

Satzglieder

Alle Satzglieder

99

1 **Bilde aus den Satzgliedern sinnvolle Sätze.**
Das Subjekt soll vorne stehen.

2 **Unterstreiche das Subjekt, Prädikat und Objekt in den richtigen Farben.**
Markiere auch Orts- und Zeitangaben, falls vorhanden.

die Blumen | zweimal pro Woche | Opa | gießt

___

kaufen | Emil und Mila | dem Bruder | ein Eis

___

morgen | ihre beste Freundin | in der Stadt | Sofie | trifft

___

Erledigt am: ____________ *So hat's geklappt:*

Satzglieder

Alle Satzglieder

100

1 **Bilde aus den Satzgliedern sinnvolle Sätze.**
Das Objekt soll vorne stehen.

2 **Unterstreiche das Subjekt, Prädikat und Objekt in den richtigen Farben.**
Markiere auch Orts- und Zeitangaben, falls vorhanden.

die Bauern | jeden Morgen | der Hahn | weckt

___

sucht | seinen Hund | Finn | im Hof

___

kocht | ihrer Schwester | Alina | das Mittagessen | jeden Mittwoch

___

Erledigt am: ____________ *So hat's geklappt:*

Alle Satzglieder

1 **Stelle die Sätze so oft wie möglich um.**
2 **Unterstreiche das Subjekt, Prädikat und Objekt in den richtigen Farben.**

Der Bauer bringt die Kühe in den Stall.

Der Hund folgt seinem Nachbarn.

Erledigt am: ______________

So hat's geklappt: 

Alle Satzglieder

102

1 **Stelle die Sätze so oft wie möglich um.**
2 **Unterstreiche das Subjekt, Prädikat und Objekt in den richtigen Farben.**

Ella trägt einen gepunkteten Schlafanzug.

Leo stellt sein rotes Fahrrad in den Keller.

Erledigt am: ______________

So hat's geklappt: 

Die vier Fälle

Nominativ

„**Wer oder was…?**" ist die Frage nach dem 1. Fall.
Antwortet das Nomen auf diese Frage, steht es im Nominativ (1. Fall).

1. **Stelle die Frage „Wer …?". Kreise das Nomen im Nominativ rot ein.**
2. **Notiere die Antwort.**

Elias hat zwei Haustiere, ein Kaninchen und eine kleine Katze.

Frage: Wer hat zwei Haustiere? ____________

Antwort: ____________

Am liebsten spielt Tom mit seinen Legosteinen.

Frage: ____________

Antwort: ____________

Oft sieht sie im Wald kleine Füchse herumtollen.

Frage: ____________

Antwort: ____________

Erledigt am: ____________ *So hat's geklappt:*   

Die vier Fälle

Nominativ

„**Wer oder was…?**" ist die Frage nach dem 1. Fall.
Antwortet das Nomen auf diese Frage, steht es im Nominativ (1. Fall).

1. **Stelle die Frage „Wer …?". Kreise das Nomen im Nominativ rot ein.**
2. **Notiere die Antwort.**

Opa erfindet oft Geschichten für die Kinder und erzählt sie ihnen zum Einschlafen.

Frage: Wer ____________

Antwort: ____________

Lina trägt heute ein Kleid mit gelben Punkten.

Frage: ____________

Antwort: ____________

Heute verbringt Ole den ganzen Nachmittag bei seinen Freunden.

Frage: ____________

Antwort: ____________

Erledigt am: ____________ *So hat's geklappt:* 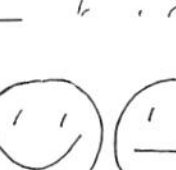 

Die vier Fälle

Nominativ

„Wer oder was…?“ ist die Frage nach dem 1. Fall.
Antwortet das Nomen auf diese Frage, steht es im Nominativ (1. Fall).

1. **Stelle die Frage „Wer …?“. Kreise das Nomen im Nominativ rot ein.**
2. **Notiere die Antwort.**

Mama weckt Ella früh am Morgen.

Frage: Wer ______________________

Antwort: ______________________

Die Eltern haben einen schönen, großen Garten.

Frage: ______________________

Antwort: ______________________

Die Katze spielt mit der Wolle.

Frage: ______________________

Antwort: ______________________

Erledigt am: ______________ *So hat's geklappt:*  

Die vier Fälle

Nominativ

„Wer oder was…?“ ist die Frage nach dem 1. Fall.
Antwortet das Nomen auf diese Frage, steht es im Nominativ (1. Fall).

1. **Stelle die Frage „Wer …?“. Kreise das Nomen im Nominativ rot ein.**
2. **Notiere die Antwort.**

Mama und ich essen einen Apfelkuchen.

Frage: Wer ______________________

Antwort: ______________________

Elena und Mira haben ein Referat vorbereitet.

Frage: ______________________

Antwort: ______________________

Der weibliche Hirsch wird Hirschkuh genannt.

Frage: ______________________

Antwort: ______________________

Erledigt am: ______________ *So hat's geklappt:*   

Nominativ

107 **Lies die Lückensätze.**
Setze die Nomen mit Artikel im Nominativ ein.

Katze	Dieb	Kinder	Akrobat	Pilot	Pinguine

_______________ tragen Schals und Mützen.

Mittlerweile hat _______________ die Maus gefangen.

_______________ führt seine Kunststücke im Zirkus vor.

_______________ steuert das Flugzeug in der Luft.

In der Antarktis leben _______________ auf einer Eisscholle.

Heute stiehlt _______________ im Einkaufszentrum.

Erledigt am: _______________ *So hat's geklappt:*

Die vier Fälle

Nominativ

108 **Lies die Lückensätze.**
Setze die Nomen mit Artikel im Nominativ ein.

Kinder	Kellnerin	Züchter	Oma	Jäger	Koch

_______________ hat fünf Hunde und acht Welpen.

Oft erzählt _______________ den Kindern selbst erfundene Geschichten.

_______________ lauschen ihren Geschichten.

Mit seinem Fernglas beobachtet _______________ den Wald.

_______________ hat ein leckeres Essen gekocht.

_______________ bringt das Essen zu den Gästen.

Erledigt am: _______________ *So hat's geklappt:*

Die vier Fälle

Genitiv

„Wessen ...?" ist die Frage nach dem 2. Fall.
Antwortet das Nomen auf diese Frage, steht es im Genitiv (2. Fall).

1 Stelle die Frage „Wessen ...?". Kreise das Nomen im Genitiv grün ein.
2 Notiere die Antwort.

Der Hund des Nachbarn ist alt.
Frage: Wessen Hund ist alt?
Antwort: ______

Das Kleid des Mädchens ist gelb.
Frage: ______
Antwort: ______

Die Schürze des Kochs ist dreckig.
Frage: ______
Antwort: ______

Erledigt am: ______ *So hat's geklappt:*

Die vier Fälle

Genitiv

„Wessen ...?" ist die Frage nach dem 2. Fall.
Antwortet das Nomen auf diese Frage, steht es im Genitiv (2. Fall).

1 Stelle die Frage „Wessen ...?". Kreise das Nomen im Genitiv grün ein.
2 Notiere die Antwort.

Das Pferd des Züchters wurde gestohlen.
Frage: Wessen ______
Antwort: ______

Der Papagei versteckt den Säbel des Piraten.
Frage: ______
Antwort: ______

Lena hat Omas Truhe heimlich aufgeschlossen.
Frage: ______
Antwort: ______

Erledigt am: ______ *So hat's geklappt:*

Die vier Fälle

Genitiv

„Wessen ...?" ist die Frage nach dem 2. Fall.
Antwortet das Nomen auf diese Frage, steht es im Genitiv (2. Fall).

1 **Stelle die Frage „Wessen ...?". Kreise das Nomen im Genitiv grün ein.**

2 **Notiere die Antwort.**

Die Lehrerin nimmt das Heft des Schülers.

Frage: Wessen ____________________

Antwort: ____________________

Das Fahrrad des Mädchens hat keine Klingel mehr.

Frage: ____________________

Antwort: ____________________

Das Leben der Elefanten ist in dem Buch beschrieben.

Frage: ____________________

Antwort: ____________________

Erledigt am: ____________________ *So hat's geklappt:*

Die vier Fälle

Genitiv

„Wessen ...?" ist die Frage nach dem 2. Fall.
Antwortet das Nomen auf diese Frage, steht es im Genitiv (2. Fall).

1 **Stelle die Frage „Wessen ...?". Kreise das Nomen im Genitiv grün ein.**

2 **Notiere die Antwort.**

Sie braucht Opas Brille zum Lesen.

Frage: Wessen ____________________

Antwort: ____________________

Das Foto der Kinder gefällt ihr sehr gut.

Frage: ____________________

Antwort: ____________________

Er zeigt der Mutter ein Bild des Hauses.

Frage: ____________________

Antwort: ____________________

Erledigt am: ____________________ *So hat's geklappt:* 

Die vier Fälle

Genitiv

Lies die Lückensätze.
Setze die Nomen mit Artikel im Genitiv ein.
Achtung: Bei einem Nomen kannst du den Artikel weglassen.

Kinder	Ballerina	Eichhörnchen	Papa	Hund	Igel

Der Knochen ______________________ ist groß.

Der Sandkasten ______________________ steht hinter dem Haus.

Das Nest ______________________ nennt man Kobel.

Die Stacheln ______________________ sind spitz.

Er hat ______________________ Autoschlüssel verloren.

Der Rock ______________________ hat die falsche Farbe.

Erledigt am: ____________________ *So hat's geklappt:*

Die vier Fälle

Genitiv

Lies die Lückensätze.
Setze die Nomen mit Artikel im Genitiv ein.
Achtung: Bei zwei Nomen musst du den Artikel weglassen.

Hund	Fußballspieler	Deutschland	Mama	Freund	Kapitän

Ole leiht sich das Lieblingsbuch ______________________ aus.

Das Trikot ______________________ würde ihm sehr gefallen.

In ______________________ Schublade finden sie Kleider zum Spielen.

Das Bellen ______________________ stört den Nachbarn.

Das Schiff ______________________ ist gesunken.

Die Hauptstadt ______________________ ist Berlin.

Erledigt am: ____________________ *So hat's geklappt:*

Die vier Fälle

Dativ

„Wem oder was...?" ist die Frage nach dem 3. Fall.
Antwortet das Nomen auf diese Frage, steht es im Dativ (3. Fall).

1 Stelle die Frage „Wem ...?". Kreise das Nomen im Dativ gelb ein.
2 Notiere die Antwort.

Oma backt den Kindern eine große Torte.
Frage: Wem backt Oma eine große Torte? ____
Antwort: ____

Mia nimmt dem Kaninchen die Karotte weg.
Frage: ____
Antwort: ____

Der Zirkusdirektor bringt dem Zauberer Tricks bei.
Frage: ____
Antwort: ____

Erledigt am: ____ *So hat's geklappt:*  

Die vier Fälle

Dativ

„Wem oder was...?" ist die Frage nach dem 3. Fall.
Antwortet das Nomen auf diese Frage, steht es im Dativ (3. Fall).

1 Stelle die Frage „Wem ...?". Kreise das Nomen im Dativ gelb ein.
2 Notiere die Antwort.

Pia schenkt ihrem Bruder zum Geburtstag einen Lenkdrachen.
Frage: Wem ____
Antwort: ____

Achmed bastelt seiner Mutter eine Karte.
Frage: ____
Antwort: ____

Die Kinder singen dem Geburtstagskind ein Lied.
Frage: ____
Antwort: ____

Erledigt am: ____ *So hat's geklappt:*  

Die vier Fälle

Dativ

„Wem oder was…?" ist die Frage nach dem 3. Fall.
Antwortet das Nomen auf diese Frage, steht es im Dativ (3. Fall).

1. **Stelle die Frage „Wem …?". Kreise das Nomen im Dativ gelb ein.**
2. **Notiere die Antwort.**

Der Hofnarr dient dem König.

Frage: Wem ____________________

Antwort: ____________________

Das Mädchen schaut dem Zauberer bei seinen Tricks zu.

Frage: ____________________

Antwort: ____________________

Der Hund bringt Mara den Ball.

Frage: ____________________

Antwort: ____________________

Erledigt am: ____________________ *So hat's geklappt:* 

Die vier Fälle

Dativ

„Wem oder was…?" ist die Frage nach dem 3. Fall.
Antwortet das Nomen auf diese Frage, steht es im Dativ (3. Fall).

1. **Stelle die Frage „Wem …?". Kreise das Nomen im Dativ gelb ein.**
2. **Notiere die Antwort.**

Abbas hilft seinem Papa beim Gemüseschneiden.

Frage: Wem ____________________

Antwort: ____________________

Nadine gibt der Maus ein Stück Käse.

Frage: ____________________

Antwort: ____________________

Leo überreicht seinem Freund ein Geburtstagsgeschenk.

Frage: ____________________

Antwort: ____________________

Erledigt am: ____________________ *So hat's geklappt:* 

Die vier Fälle

Dativ

Lies die Lückensätze.
Setze die Nomen mit Artikel im Dativ ein.

Lamm	Freundin	Kinder	Familie	Bruder	Schüler

Der Opa liest ______________________ ein Buch vor.

Der Hund klaut ______________________ ein Stück Fleisch vom Tisch.

Das Schaf gibt ______________________ Milch zu trinken.

Leo gibt ______________________ einen Liebesbrief.

Die Lehrerin erklärt ______________________ die Aufgabe.

______________________ gefällt der neue Fußball sehr.

Erledigt am: ____________________ *So hat's geklappt:*

Die vier Fälle

Dativ

Lies die Lückensätze.
Setze die Nomen mit Artikel im Dativ ein.

Das Fahrrad gehört ______________________ (alte Frau).

Ben verzeiht ______________________ (bester Freund).

Theo hat ______________________ (Eltern) das Zeugnis gegeben.

Mama gibt ______________________ (Kellnerin) Trinkgeld.

Hund Pepe klaut ______________________ (Papa) das Fleisch vom Teller.

Die Kinder bereiten ______________________ (Lehrerin) ein Fest.

Erledigt am: ____________________ *So hat's geklappt:*

Die vier Fälle

Akkusativ

„Wen oder was...?“ ist die Frage nach dem 4. Fall.
Antwortet das Nomen auf diese Frage, steht es im Akkusativ (4. Fall).

1. **Stelle die Frage „Wen ...?“. Kreise das Nomen im Akkusativ blau ein.**
2. **Notiere die Antwort.**

Die Lehrerin holt den neuen Schüler am Lehrerzimmer ab.

Frage: Wen holt die Lehrerin am Lehrerzimmer ab?

Antwort: ____________________

Zahina bringt ihre Schwester in die Kita.

Frage: ____________________

Antwort: ____________________

Jonas hat Mina sehr gerne.

Frage: ____________________

Antwort: ____________________

Erledigt am: ____________________ *So hat's geklappt:*  

Die vier Fälle

Akkusativ

„Wen oder was...?“ ist die Frage nach dem 4. Fall.
Antwortet das Nomen auf diese Frage, steht es im Akkusativ (4. Fall).

1. **Stelle die Frage „Wen ...?“. Kreise das Nomen im Akkusativ blau ein.**
2. **Notiere die Antwort.**

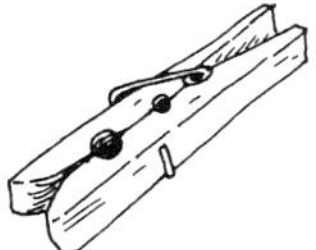

Alina schreit ihren Hund Otto an.

Frage: Wen ____________________

Antwort: ____________________

Mama hängt die Wäsche auf.

Frage: ____________________

Antwort: ____________________

Elena fragt ihre Mitschülerin um Hilfe.

Frage: ____________________

Antwort: ____________________

Erledigt am: ____________________ *So hat's geklappt:*

Die vier Fälle

Akkusativ

„Wen oder was…?" ist die Frage nach dem 4. Fall.
Antwortet das Nomen auf diese Frage, steht es im Akkusativ (4. Fall).

1 Stelle die Frage „Wen …?". Kreise das Nomen im Akkusativ blau ein.

2 Notiere die Antwort.

Die Mäuse lachen die Katze aus.

Frage: Wen ______________________

Antwort: ______________________

Der Wolf jagt das Reh.

Frage: ______________________

Antwort: ______________________

Papa und ich essen eine große Pizza.

Frage: ______________________

Antwort: ______________________

Erledigt am: ______________ *So hat's geklappt:*  

Die vier Fälle

Akkusativ

„Wen oder was…?" ist die Frage nach dem 4. Fall.
Antwortet das Nomen auf diese Frage, steht es im Akkusativ (4. Fall).

1 Stelle die Frage „Wen …?". Kreise das Nomen im Akkusativ blau ein.

2 Notiere die Antwort.

Die Kinder haben einen Zaubertrick vorbereitet.

Frage: Was ______________________

Antwort: ______________________

Der Lehrer stellt einen neuen Mitschüler vor.

Frage: ______________________

Antwort: ______________________

Sie hängen eine Lichterkette auf.

Frage: ______________________

Antwort: ______________________

Erledigt am: ______________ *So hat's geklappt:* 

Die vier Fälle

Akkusativ

Lies die Lückensätze.
Setze die Nomen mit Artikel im Akkusativ ein.

Freundin	Vogel	Käse	Frosch	Höhle	Koffer

Die Fledermäuse bewohnen ______________________.

Die Mäuse fressen ______________________ aus der Speisekammer auf.

Die Prinzessin küsst ______________________.

Die alte Dame besucht ______________________.

Papa trägt ______________________ für den Urlaub.

Der Junge füttert ______________________.

Erledigt am: ____________________ *So hat's geklappt:*

Die vier Fälle

Akkusativ

Lies die Lückensätze.
Setze die Nomen mit Artikel im Akkusativ ein.

Matthis ruft ______________________________________ (Hund).

Der Fuchs stiehlt __________________________ (Huhn) des Bauern.

Gestern konnte man ____ (Sonne) sehen.

Mit meinen Eltern hole ich heute __________________________________ (Torte) für die Feier.

Alle Kinder mögen ____ (Süßigkeiten).

Meine Eltern kaufen ____ (Haus).

Erledigt am: ____________________ *So hat's geklappt:* 

Die vier Fälle

Alle Fälle

Lies die Sätze. In welchem Fall stehen die unterstrichenen Nomen? Schreibe es unter die Nomen.

Der Film erklärt den Kindern das Leben der Pinguine.

Kalinda zeigt ihrer Freundin ein Foto ihres Hundes.

Das Foto gefällt der Freundin sehr.

Den Korb füllt die Mutter mit Obst.

Aus dem Schlafzimmer holt Farid den Korb des Hundes.

Erledigt am: ____________________ *So hat's geklappt:*

Die vier Fälle

Alle Fälle

Lies die Sätze. In welchem Fall stehen die unterstrichenen Nomen? Schreibe es unter die Nomen.

Florian sammelt viele Kastanien.

Das Segel des Schiffs hat viele Löcher.

Lorenz hilft dem Nachbarn beim Rasenmähen.

Mias Vater war ein schlimmer Seeräuber.

Jeden Morgen weckt die Mutter Jakob.

Erledigt am: ____________________ *So hat's geklappt:*

Die vier Fälle

Alle Fälle

Trage die Nomen in die Tabelle ein.

	1. Fall (Nominativ)	**2. Fall (Genitiv)**	**3. Fall (Dativ)**	**4. Fall (Akkusativ)**
der Lehrer				
das Buch				
der Fuchs				
das Schiff				
die Eule				

Erledigt am: ____________________

So hat's geklappt:   

Die vier Fälle

Alle Fälle

Trage die Nomen in die Tabelle ein.

	1. Fall (Nominativ)	**2. Fall (Genitiv)**	**3. Fall (Dativ)**	**4. Fall (Akkusativ)**
der Mann				
das Haus				
der Baum				
das Holz				
die Ente				

Erledigt am: ____________________

So hat's geklappt: 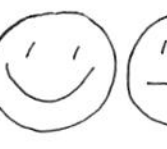  

Arbeitsplan

					1	2	3	4
5	6	7	8	9	10	11	12	13
14	15	16	17	18	19	20	21	22
23	24	25	26	27	28	29	30	31
32	33	34	35	36	37	38	39	10
41	42	43	44	45	46	47	48	49
50	51	52	53	54	55	56	57	58
59	60	61	62	63	64	65	66	67
68	69	70	71	72	73	74	75	76
77	78	79	80	81	82	83	84	85
86	87	88	89	90	91	92	93	94
95	96	97	98	99	100	101	102	103
104	105	106	107	108	109	110	111	112
113	114	115	116	117	118	119	120	121
122	123	124	125	126	127	128	129	130